SV

Sonderdruck
edition suhrkamp

Jürgen Habermas
Glauben und Wissen

Friedenspreis des
Deutschen Buchhandels 2001

Laudatio:
Jan Philipp Reemtsma

Suhrkamp

edition suhrkamp
Sonderdruck
Erste Auflage 2001

Originalausgabe

Druck: Nomos Verlagsgesellschaft, Baden-Baden
Umschlag gestaltet nach einem Konzept
von Willy Fleckhaus: Rolf Staudt
Printed in Germany

2 3 4 5 6 – 06 05 04 03 02

Inhalt

Jürgen Habermas
Glauben und Wissen

Wenn uns die bedrückende Aktualität des Tages die Wahl des Themas aus der Hand reißt, ist die Versuchung groß, mit den John Waynes unter uns Intellektuellen um den schnellsten Schuss aus der Hüfte zu wetteifern. Noch vor kurzem schieden sich die Geister an einem anderen Thema – an der Frage, ob und wie weit wir uns einer gentechnischen Selbstinstrumentalisierung unterziehen oder gar das Ziel einer Selbstoptimierung verfolgen sollen. Über die ersten Schritte auf diesem Wege war zwischen den Wortführern der organisierten Wissenschaft und der Kirchen ein Kampf der Glaubensmächte entbrannt. Die eine Seite befürchtete Obskurantismus und eine wissenschaftsskeptische Einhegung archaischer Gefühlsreste, die andere Seite wandte sich gegen den szientistischen Fortschrittsglauben eines kruden Naturalismus, der die Moral untergräbt. Aber am 11. September ist die Spannung zwischen säkularer Gesellschaft und Religion auf eine ganz andere Weise explodiert.

Die zum Selbstmord entschlossenen Mörder, die zivile Verkehrsmaschinen zu lebenden Geschossen umfunktioniert und gegen die kapitalistischen Zitadellen der westlichen Zivilisation gelenkt haben, waren, wie wir aus Attas Testament und Osama bin Ladens Mund inzwischen wissen, durch religiöse Überzeugungen motiviert. Für sie verkörpern die Wahrzeichen der globalisierten Moderne den

Großen Satan. Aber auch uns, dem universalen Augenzeugen des »apokalyptischen« Geschehens am Fernsehschirm, drängten sich beim masochistisch wiederholten Anblick des Einsturzes der Zwillingstürme von Manhattan biblische Bilder auf. Und die Sprache der Vergeltung, in der nicht nur der amerikanische Präsident auf das Unfassbare reagierte, erhielt einen alttestamentarischen Klang. Als hätte das verblendete Attentat im Innersten der säkularen Gesellschaft eine religiöse Saite in Schwingung versetzt, füllten sich überall die Synagogen, die Kirchen und die Moscheen. Diese untergründige Korrespondenz hat übrigens die zivilreligiöse Trauergemeinde im New Yorker Stadion vor drei Wochen nicht zu einer symmetrischen Einstellung des Hasses verleitet: Bei allem Patriotismus erklang kein Ruf nach kriegerischer Entgrenzung des nationalen Strafrechts.

Trotz seiner religiösen Sprache ist der Fundamentalismus ein ausschließlich modernes Phänomen. An den islamischen Tätern fiel sofort die Ungleichzeitigkeit der Motive und der Mittel auf. Darin spiegelt sich eine Ungleichzeitigkeit von Kultur und Gesellschaft in den Heimatländern der Täter, die sich erst infolge einer beschleunigten und radikal entwurzelnden Modernisierung herausgebildet hat. Was unter glücklicheren Umständen bei uns immerhin als ein Prozess *schöpferischer* Zerstörung erfahren werden konnte, stellt dort keine erfahrbare Kompensation für den Schmerz des Zerfalls traditionaler Lebensformen in Aussicht. Dabei ist die Aussicht auf Besserung der materiellen Lebensverhältnisse nur eines. Entscheidend ist der durch Gefühle der Erniedrigung blockierte Geisteswandel, der sich politisch in der Trennung von Religion und Staat ausdrückt. Auch in Europa, dem die Geschichte Jahrhunderte eingeräumt hat, um eine sensible Einstellung zum Januskopf der Moderne zu finden, ist »Säkularisierung« immer noch, wie sich am Streit um die Gentechnik zeigt, mit ambivalenten Gefühlen besetzt.

Verhärtete Orthodoxien gibt es im Westen ebenso wie im Nahen und im Ferneren Osten, unter Christen und Juden ebenso wie unter Moslems. Wer einen Krieg der Kulturen vermeiden will, muss sich die unabgeschlossene Dialektik des eigenen, abendländischen Säkularisierungsprozesses in Erinnerung rufen. Der »Krieg gegen den Terrorismus« ist kein Krieg, und im Terrorismus äußert sich auch der verhängnisvoll-sprachlose Zusammenstoß von Welten, die jenseits der stummen Gewalt der Terroristen wie der Raketen eine gemeinsame Sprache entwickeln müssen. Angesichts einer Globalisierung, die sich über entgrenzte Märkte durchsetzt, erhofften sich viele von uns eine Rückkehr des Politischen in anderer Gestalt – nicht in der Hobbistischen Ursprungsgestalt des globalisierten Sicherheitsstaates, also in den Dimensionen von Polizei, Geheimdienst und Militär, sondern als weltweit zivilisierende Gestaltungsmacht. Im Augenblick bleibt uns nicht viel mehr als die fahle Hoffnung auf eine List der Vernunft – und ein wenig Selbstbesinnung. Denn jener Riss der Sprachlosigkeit entzweit auch das eigene Haus. Den Risiken einer andernorts entgleisenden Säkularisierung werden wir nur mit Augenmaß begegnen, wenn wir uns darüber klar werden, was Säkularisierung in unseren postsäkularen Gesellschaften bedeutet. In dieser Absicht nehme ich das alte Thema »Glauben und Wissen« wieder auf. Sie dürfen also keine »Sonntagsrede« erwarten, die polarisiert, die die einen aufspringen und die anderen sitzen bleiben lässt.

Säkularisierung in der postsäkularen Gesellschaft

Das Wort ›Säkularisierung‹ hatte zunächst die juristische Bedeutung der erzwungenen Übereignung von Kirchengütern an die säkulare Staatsgewalt. Diese Bedeutung ist auf die Entstehung der kulturellen und gesellschaftlichen Moderne insgesamt übertragen worden. Seitdem verbinden sich mit ›Säkularisierung‹ entgegengesetzte Bewertungen, je nachdem ob wir die erfolgreiche *Zähmung* der kirchlichen Autorität durch die weltliche Gewalt oder den Akt der widerrechtlichen *Aneignung* in den Vordergrund rücken. Nach der einen Lesart werden religiöse Denkweisen und Lebensformen durch vernünftige, jedenfalls überlegene Äquivalente *ersetzt*; nach der anderen Lesart werden die modernen Denk- und Lebensformen als illegitim entwendete Güter *diskreditiert*. Das Verdrängungsmodell legt eine fortschrittsoptimistische Deutung der entzauberten, das Enteignungsmodell eine verfallstheoretische Deutung der obdachlosen Moderne nahe. Beide Lesarten machen denselben Fehler. Sie betrachten die Säkularisierung als eine Art Nullsummenspiel zwischen den kapitalistisch entfesselten Produktivkräften von Wissenschaft und Technik auf der einen, den haltenden Mächten von Religion und Kirche auf der anderen Seite. Einer kann nur auf Kosten des anderen gewinnen, und zwar nach liberalen Spielregeln, welche die Antriebskräfte der Moderne begünstigen.

Dieses Bild passt nicht zu einer postsäkularen Gesellschaft, die sich auf das Fortbestehen religiöser Gemeinschaften in einer sich fortwährend säkularisierenden Umgebung einstellt. Ausgeblendet wird die zivilisierende Rolle eines demokratisch aufgeklärten Commonsense, der sich im kulturkämpferischen Stimmengewirr gleichsam als dritte Partei zwischen Wissenschaft und Religion einen eigenen Weg bahnt. Gewiss, aus der Sicht des liberalen Staates verdienen nur die Religionsgemeinschaften das Prädikat »vernünftig«, die *aus eigener Einsicht* auf eine gewaltsame Durchsetzung ihrer Glaubenswahrheiten und auf den militanten Gewissenszwang gegen die eigenen Mitglieder, erst recht auf eine Manipulation zu Selbstmordattentaten Verzicht leisten.[1] Jene Einsicht verdankt sich einer dreifachen Reflexion der Gläubigen auf ihre Stellung in einer pluralistischen Gesellschaft. Das religiöse Bewusstsein muss erstens die kognitiv dissonante Begegnung mit anderen Konfessionen und anderen Religionen verarbeiten. Es muss sich zweitens auf die Autorität von Wissenschaften einstellen, die das gesellschaftliche Monopol an Weltwissen innehaben. Schließlich muss es sich auf die Prämissen des Verfassungsstaates einlassen, die sich aus einer profanen Moral begründen. Ohne diesen Reflexionsschub entfalten die Monotheismen in rücksichtslos modernisierten Gesellschaften ein destruktives Potential. Das Wort »Reflexionsschub« legt freilich die falsche Vorstellung eines einseitig vollzogenen und abgeschlossenen Prozesses nahe. Tatsächlich findet diese reflexive Arbeit bei jedem neu aufbrechenden Konflikt auf den Umschlagplätzen der demokratischen Öffentlichkeit eine Fortsetzung.

Sobald eine existentiell relevante Frage auf die politische Agenda gelangt, prallen die Bürger, gläubige wie ungläubige, mit ihren weltanschaulich imprägnierten Überzeugungen aufeinander und erfahren, während sie sich an den schrillen Dissonanzen des öffentlichen Meinungsstreites abarbeiten, das anstößige Faktum des weltanschaulichen Pluralismus. Wenn sie mit diesem Faktum im Bewusstsein der ei-

1 J. Rawls, *Politischer Liberalismus*, Frankfurt/M. 1998, S. 132-141; R. Forst, »Toleranz, Gerechtigkeit, Vernunft«, in: ders. (Hg.), *Toleranz*, Frankfurt/M. 2000, S. 144-161.

genen Fehlbarkeit gewaltlos, also ohne das soziale Band eines politischen Gemeinwesens zu zerreißen, umgehen lernen, erkennen sie, was die in der Verfassung festgeschriebenen *säkularen* Entscheidungsgrundlagen in einer postsäkularen Gesellschaft bedeuten. Im Streit zwischen Wissens- und Glaubensansprüchen präjudiziert nämlich der weltanschaulich neutrale Staat politische Entscheidungen keineswegs zugunsten einer Seite. Die pluralisierte Vernunft des Staatsbürgerpublikums folgt einer Dynamik der Säkularisierung nur insofern, als sie *im Ergebnis* zur gleichmäßigen Distanz von starken Traditionen und weltanschaulichen Inhalten nötigt. Lernbereit bleibt sie aber, ohne ihre Eigenständigkeit preiszugeben, osmotisch nach *beiden* Seiten hin geöffnet.

Die wissenschaftliche Aufklärung des Commonsense

Natürlich muss sich der Commonsense, der sich über die Welt viele Illusionen macht, von den Wissenschaften vorbehaltlos aufklären lassen. Aber die in die Lebenswelt eindringenden wissenschaftlichen Theorien lassen *den Rahmen* unseres Alltagswissen, der mit dem Selbstverständnis sprach- und handlungsfähiger Personen verzahnt ist, im Kern unberührt. Wenn wir über die Welt, und über uns als Wesen in der Welt, etwas Neues lernen, verändert sich der Inhalt unseres Selbstverständnisses. Kopernikus und Darwin haben das geozentrische und das anthropozentrische Weltbild revolutioniert. Dabei hat die Zerstörung der astronomischen Illusion über den Umlauf der Gestirne geringere Spuren in der Lebenswelt hinterlassen als die biologische Desillusionierung über die Stellung des Menschen in der Naturgeschichte. Wissenschaftliche Erkenntnisse scheinen unser Selbstverständnis umso mehr zu beunruhigen, je näher sie uns auf den Leib rücken. Die Hirnforschung belehrt uns über die Physiologie unseres Bewusstseins. Aber verändert sich damit jenes intuitive Bewusstsein von Autorschaft und Zurechnungsfähigkeit, das alle unsere Handlungen begleitet?

Wenn wir mit Max Weber den Blick auf die Anfänge der »Entzauberung der Welt« lenken, sehen wir, was auf dem Spiel steht. Die Natur wird in dem Maße, wie sie der objektivierenden Beobachtung und kausalen Erklärung zugänglich gemacht wird, entpersonalisiert. Die wissenschaftlich erforschte Natur fällt aus dem sozialen Bezugssystem von erlebenden, miteinander sprechenden und handelnden Personen, die sich gegenseitig Absichten und Motive zuschreiben, heraus. Was wird nun aus solchen Personen, wenn sie sich nach und nach *selber* unter naturwissenschaftliche Beschreibungen subsumieren? Wird sich der Commonsense am Ende vom kontraintuitiven Wissen der Wissenschaften nicht nur belehren, sondern mit Haut und Haaren konsumieren lassen? Der Philosoph Winfrid Sellars hat diese Frage 1960 (in einem berühmten Vortrag über »Philosophy and the Scientific Image of Man«) gestellt und mit dem Szenario einer Gesellschaft beantwortet, in der die altmodischen Sprachspiele unseres Alltages zugunsten der objektivierenden Beschreibung von Bewusstseinsvorgängen außer Kraft gesetzt worden sind.

Der Fluchtpunkt dieser Naturalisierung des Geistes ist ein wissenschaftliches Bild vom Menschen in der extensionalen Begrifflichkeit von Physik, Neurophysiologie oder Evolutionstheorie, das auch unser Selbstverständnis vollständig entsozialisiert. Das kann freilich nur gelingen, wenn die Intentionalität des menschlichen Bewusstseins und die Normativität unseres Handelns in einer solchen Selbstbeschreibung ohne Rest aufgehen. Die erforderlichen Theorien müssen beispielsweise erklären, wie Personen Regeln – grammatische, begriffliche oder moralische Regeln – befolgen oder verletzen können.[2] Sellars' Schüler haben das aporetische Gedankenexperiment ihres Lehrers als Forschungsprogramm missverstanden.[3] Das Vorhaben einer naturwissenschaftlichen Modernisierung unserer Alltagspsychologie[4] hat sogar zu Versuchen einer

2 W. Sellars, *Science, Perception and Reality*, Altascadero, Cal. 1963, 1991, S. 38.
3 P. M. Churchland, *Scientific Realism and the Plasticity of Mind*, Cambridge U.P., Cambridge 1979.
4 J. D. Greenwood (Hg.), *The future of folk psychology*, Cambridge U.P., Cambridge 1991, »Introduction«, S. 1-21.

Semantik geführt, die gedankliche Inhalte biologisch erklären will.[5] Aber auch diese avanciertesten Ansätze scheinen daran zu scheitern, dass der Begriff von Zweckmäßigkeit, den wir in das darwinsche Sprachspiel von Mutation und Anpassung, Selektion und Überleben hineinstecken, zu arm ist, um an jene Differenz von Sein und Sollen heranzureichen, die wir meinen, wenn wir Regeln verletzen – wenn wir ein Prädikat falsch anwenden oder gegen ein moralisches Gebot verstoßen.[6]

Wenn man beschreibt, wie eine Person etwas getan hat, was sie nicht gewollt hat und was sie auch nicht hätte tun sollen, dann *beschreibt* man sie – aber eben nicht so wie ein naturwissenschaftliches Objekt. Denn in die Beschreibung von Personen gehen stillschweigend Momente des vorwissenschaftlichen Selbstverständnisses von sprach- und handlungsfähigen Subjekten ein. Wenn wir einen

5 W. Detel, »Teleosemantik. Ein neuer Blick auf den Geist?«, in: *Deutsche Zeitschrift für Philosophie* 49, 2001, S. 465-491. Die Teleosemantik möchte mithilfe neodarwinistischer Annahmen und begrifflicher Analysen zeigen, wie sich das normative Bewusstsein von Lebewesen, die Symbole verwenden und Sachverhalte repräsentieren, entwickelt haben könnte. Demnach entsteht die intentionale Verfassung des menschlichen Geistes aus dem selektiven Vorteil bestimmter Verhaltensweisen (wie z. B. des Bienentanzes), die von Artgenossen als Abbildungen interpretiert werden. Auf der Folie von eingewöhnten Kopien dieser Art sollen abweichende Verhaltensweisen als Fehlrepräsentationen gedeutet werden können – womit der Ursprung von Normativität eine natürliche Erklärung gefunden hätte.

6 W. Detel, »Haben Frösche und Sumpfmenschen Gedanken? Einige Probleme der Teleosemantik«, in: *Deutsche Zeitschrift für Philosophie* 49, 2001, S. 601-626.

Vorgang als die Handlung einer Person beschreiben, wissen wir beispielsweise, dass wir etwas beschreiben, das nicht nur wie ein Naturvorgang *erklärt*, sondern erforderlichenfalls auch *gerechtfertigt* werden kann. Im Hintergrund steht das Bild von Personen, die voneinander Rechenschaft fordern können, die von Haus aus in normativ geregelte Interaktionen verwickelt sind und sich in einem Universum öffentlicher Gründe begegnen.

Diese im Alltag mitgeführte Perspektive erklärt die Differenz zwischen dem Sprachspiel der Rechtfertigung und dem der *bloßen* Beschreibung. An diesem Dualismus finden auch die nichtreduktionistischen Erklärungsstrategien[7] eine Grenze. Auch sie nehmen ja Beschreibungen aus einer Beobachterperspektive vor, der sich die Teilnehmerperspektive unseres Alltagsbewusstseins (von der auch die Rechtfertigungspraxis der Forschung zehrt) nicht zwanglos ein- und unterordnen lässt. Im alltäglichen Umgang richten wir den Blick auf Adressaten, die wir mit »Du« ansprechen. Nur in dieser Einstellung gegenüber zweiten Personen verstehen wir das »Ja« und »Nein« der Anderen, die kritisierbaren Stellungnahmen, die wir einander schulden und voneinander erwarten. Dieses Bewusstsein von re-

7 Diese Forschungsstrategien tragen der Komplexität der auf höheren Entwicklungsstufen jeweils neu auftretenden Eigenschaften (des organischen Lebens oder des Mentalen) Rechnung, indem sie darauf verzichten, Prozesse der höheren Entwicklungsstufe in Begriffen zu beschreiben, die auf Prozesse einer niederen Entwicklungsstufe zutreffen.

chenschaftspflichtiger Autorschaft ist der Kern eines Selbstverständnisses, das sich nur der Perspektive eines Beteiligten erschließt, aber einer revisionären wissenschaftlichen Beobachtung entzieht. Der szientistische Glaube an eine Wissenschaft, die eines Tages das personale Selbstverständnis durch eine objektivierende Selbstbeschreibung nicht nur ergänzt, sondern *ablöst*, ist nicht Wissenschaft, sondern schlechte Philosophie. Auch dem wissenschaftlich aufgeklärten Commonsense wird es keine Wissenschaft abnehmen, beispielsweise zu beurteilen, wie wir unter molekularbiologischen Beschreibungen, die gentechnische Eingriffe möglich machen, mit vorpersonalem menschlichen Leben umgehen sollen.

Kooperative Übersetzung religiöser Gehalte

Der Commonsense ist also mit dem Bewusstsein von Personen verschränkt, die Initiativen ergreifen, Fehler machen und Fehler korrigieren können. Er behauptet gegenüber den Wissenschaften eine eigensinnige Perspektivenstruktur. Dieses selbe, naturalistisch nicht greifbare Autonomiebewusstsein begründet auf der anderen Seite auch den Abstand zu einer religiösen Überlieferung, von deren normativen Gehalten wir gleichwohl zehren. Mit der Forderung nach rationaler Begründung scheint die wissenschaftliche Aufklärung einen Commonsense, der im vernunftrechtlich konstruierten Gebäude des demokratischen Verfassungsstaates Platz genommen hat, doch noch auf ihre Seite zu ziehen. Gewiss, auch das egalitäre Vernunftrecht hat religiöse Wurzeln – Wurzeln in jener Revolutionierung der Denkungsart, die mit dem Aufstieg der großen Weltreligionen zusammenfällt. Aber diese vernunftrechtliche Legitimation von Recht und Politik speist sich aus längst profanisierten Quellen der religiösen Überlieferung. Der Religion gegenüber beharrt der demokratisch aufgeklärte Commonsense auf Gründen, die nicht nur für Angehörige *einer* Glaubensgemeinschaft akzeptabel sind. Deshalb weckt wiederum der liberale Staat aufseiten der Gläubigen auch den Argwohn, dass die abendländische Säkularisierung eine Einbahnstraße sein könnte, die die Religion am Rande liegen lässt.

Die Kehrseite der Religionsfreiheit ist tatsächlich eine Pazifizierung des weltanschaulichen Pluralismus, der ungleiche Folgelasten hatte. Bisher mutet ja der liberale Staat nur den Gläubigen unter seinen Bürgern zu, ihre Identität gleichsam in öffentliche und private Anteile aufzuspalten. Sie sind es, die ihre religiösen Überzeugungen in eine säkulare Sprache übersetzen müssen, bevor ihre Argumente Aussicht haben, die Zustimmung von Mehrheiten zu finden. So machen heute Katholiken und Protestanten, wenn sie für die befruchtete Eizelle außerhalb des Mutterleibes den Status eines Trägers von Grundrechten reklamieren, den (vielleicht vorschnellen) Versuch, die Gottesebenbildlichkeit des Menschengeschöpfs in die säkulare Sprache des Grundgesetzes zu übersetzen. Die Suche nach Gründen, die auf allgemeine Akzeptabilität abzielen, würde aber nur dann nicht zu einem unfairen Ausschluss der Religion aus der Öffentlichkeit führen und die säkulare Gesellschaft nur dann nicht von wichtigen Ressourcen der Sinnstiftung abschneiden, wenn sich auch die säkulare Seite einen Sinn für die Artikulationskraft religiöser Sprachen bewahrt. Die Grenze zwischen säkularen und religiösen Gründen ist ohnehin fließend. Deshalb sollte die Festlegung der umstrittenen Grenze als eine kooperative Aufgabe verstanden werden, die von *beiden* Seiten fordert, auch die Perspektive der jeweils anderen einzunehmen.

Die liberale Politik darf den fortwährenden Streit über das säkulare Selbstverständnis der Gesellschaft nicht externalisieren, also in die Köpfe von Gläubigen abschieben. Der demokratisch aufgeklärte Commonsense ist kein Singular, sondern beschreibt die mentale Verfassung einer *vielstimmigen* Öffentlichkeit. Säkulare Mehrheiten dürfen in solchen Fragen keine Beschlüsse fassen, bevor sie nicht dem Einspruch von Opponenten, die sich davon in ihren Glaubensüberzeugungen verletzt fühlen, Gehör geschenkt haben; sie müssen diesen Einspruch als eine Art aufschiebendes Veto betrachten, um zu prüfen, was sie daraus lernen können. In Anbetracht der religiösen Herkunft seiner moralischen Grundlagen sollte der liberale Staat mit der Möglichkeit rechnen, dass die »Kultur des gemeinen Menschenverstandes« (Hegel) angesichts ganz neuer Herausforderungen das Artikulationsniveau der eigenen Entstehungsgeschichte nicht einholt. Die Sprache des Marktes dringt heute in alle Poren ein und presst alle zwischenmenschlichen Beziehungen in das Schema der selbstbezogenen Orientierung an je eigenen Präferenzen. Das soziale Band, das aus gegenseitiger Anerkennung geknüpft wird, geht aber in den Begriffen des Vertrages, der rationalen Wahl und der Nutzenmaximierung nicht auf.[8]

Deshalb wollte Kant das kategorische Sollen nicht im Sog des aufgeklärten Selbstinteresses verschwinden lassen. Er hat die Willkürfreiheit zur Autonomie erweitert und damit – nach der Metaphysik – das erste große Beispiel für eine säkularisierende und zugleich rettende Dekonstruktion von Glaubenswahrheiten gegeben. Bei Kant findet die Autorität göttlicher Gebote in der unbedingten Geltung moralischer Pflichten ein unüberhörbares Echo. Mit seinem Begriff der Autonomie zerstört er zwar die traditionelle Vorstellung der Gotteskindschaft.[9] Aber den banalen Folgen einer entleerenden

8 A. Honneth, *Kampf um Anerkennung*, Frankfurt/M. 1992.

9 Die Vorrede zur ersten Auflage von *Die Religion innerhalb der Grenzen der bloßen Vernunft* beginnt mit dem Satz: »Die Moral, so fern sie auf dem Begriffe des Menschen, als eines freien, eben darum auch sich selbst durch seine Vernunft an unbedingte Gesetze bindenden Wesens, gegründet ist, bedarf weder der Idee eines andern

Deflationierung kommt er durch eine kritische *Anverwandlung* des religiösen Gehaltes zuvor. Sein weiterer Versuch, das radikal Böse aus der biblischen Sprache in die der Vernunftreligion zu übersetzen, mag uns weniger überzeugen. Wie der enthemmte Umgang mit diesem biblischen Erbe heute wieder einmal zeigt, verfügen wir noch nicht über einen angemessenen Begriff für die semantische Differenz zwischen dem, was moralisch falsch, und dem, was zutiefst böse ist. Es gibt den Teufel nicht, aber der gefallene Erzengel treibt nach wie vor sein Unwesen – im verkehrten Guten der monströsen Tat, aber auch im ungezügelten Vergeltungsdrang, der ihr auf dem Fuße folgt.

Säkulare Sprachen, die das, was einmal gemeint war, bloß eliminieren, hinterlassen Irritationen. Als sich Sünde in Schuld, das Vergehen gegen göttliche Gebote in den Verstoß gegen menschliche Gesetze verwandelte, ging etwas verloren. Denn mit dem Wunsch nach Verzeihung verbindet sich immer noch der unsentimentale Wunsch, das anderen zugefügte Leid ungeschehen zu machen. Erst recht beunruhigt uns die Irreversibilität *vergangenen* Leidens – jenes Unrecht an den unschuldig Misshandelten, Entwürdigten und Ermordeten, das über jedes Maß menschenmöglicher Wiedergutmachung hinausgeht. Die verlorene Hoffnung auf Resurrek-

Wesens über ihm, um seine Pflicht zu erkennen, noch einer andern Triebfeder als des Gesetzes selbst« (I. Kant, Werke [Weischedel], Bd. IV), S. 649.

tion hinterlässt eine spürbare Leere. Horkheimers berechtigte Skepsis gegen Benjamins überschwängliche Hoffnung auf die wiedergutmachende Kraft humanen Eingedenkens – »Die Erschlagenen sind wirklich erschlagen« – dementiert ja nicht den ohnmächtigen Impuls, am Unabänderlichen doch noch etwas zu ändern. Der Briefwechsel zwischen Benjamin und Horkheimer stammt aus dem Frühjahr 1937. Beides, der wahre Impuls und dessen Ohnmacht, hat sich nach dem Holocaust in der ebenso notwendigen wie heillosen Praxis einer »Aufarbeitung der Vergangenheit« (Adorno) fortgesetzt. Nichts anderes manifestiert sich übrigens in der anschwellenden Klage über das Unangemessene dieser Praxis. Die ungläubigen Söhne und Töchter der Moderne scheinen in solchen Augenblicken zu glauben, einander mehr schuldig zu sein und selbst mehr nötig zu haben, als ihnen von der religiösen Tradition in Übersetzung zugänglich ist – so, als seien deren semantische Potentiale noch nicht ausgeschöpft.

Der Erbstreit zwischen Philosophie und Religion

Die Geschichte der deutschen Philosophie seit Kant lässt sich als ein Gerichtsprozess verstehen, in dem diese ungeklärten Erbschaftsverhältnisse verhandelt werden. Die Hellenisierung des Christentums hatte zu einer Symbiose zwischen Religion und Metaphysik geführt. Diese löst Kant wieder auf. Er zieht eine scharfe Grenze zwischen dem moralischen Glauben der Vernunftreligion und dem positiven Offenbarungsglauben, der zwar zur Seelenbesserung beigetragen habe, aber »mit seinen Anhängseln, den Statuten und Observanzen [...] endlich zur Fessel« geworden sei.[10] Für Hegel ist das der pure »Dogmatismus der Aufklärung«. Er höhnt über den Pyrrhussieg einer Vernunft, die den siegenden, aber dem Geist der unterworfenen Nation erliegenden Barbaren darin gleicht, dass sie nur »der äußeren Herrschaft nach die Oberhand« behält.[11] An die Stelle der *Grenzen ziehenden* tritt eine *vereinnahmende* Vernunft. Hegel macht den Kreuzestod des Gottessohnes zum Zentrum eines Denkens, das sich die positive Gestalt des Christentums einverleiben will. Die Menschwerdung Gottes symbolisiert das Leben des philosophischen Geistes. Auch das Absolute muss sich zum Anderen seiner selbst entäußern, weil es sich als die absolute Macht nur erfährt, wenn es sich aus der schmerzlichen Negativität der Selbstbegrenzung wieder hervorarbeitet. So werden zwar die religiösen Inhalte in der Form des philosophischen Begriffs aufgehoben. Aber Hegel bringt die heilsgeschichtliche Dimension der Zukunft einem *in sich* kreisenden Weltprozess zum Opfer.

10 Kant, *Die Religion* ..., S. 785.
11 G.W.F. Hegel, »Glauben und Wissen«, in: ders., *Jenaer Schriften 1801-1807* (Frankfurt/M. 1970, *Werke* Bd. 2), S. 287.

Hegels Schüler brechen mit dem Fatalismus dieses trostlosen Vorblicks auf eine Ewige Wiederkehr des Gleichen. Sie wollen die Religion nicht länger im Gedanken aufheben, sondern ihre profanisierten Gehalte durch solidarische Anstrengung realisieren. Dieses Pathos einer entsublimierenden Verwirklichung von Gottes Reich auf Erden trägt die Religionskritik von Feuerbach und Marx bis zu Bloch, Benjamin und Adorno: »Nichts an theologischem Gehalt wird unverwandelt fortbestehen; ein jeglicher wird der Probe sich stellen müssen, ins Säkulare, Profane einzuwandern.«[12] Inzwischen hatte freilich der historische Verlauf gezeigt, dass sich die Vernunft mit einem solchen Projekt überfordert. Weil die derart überanstrengte Vernunft *an sich selbst verzweifelt*, hat sich Adorno, wenn auch nur in methodischer Absicht, der Hilfe des messianischen Standpunktes versichert: »Erkenntnis hat kein Licht als das von der Erlösung her auf die Welt scheint.«[13] Auf diesen Adorno trifft der Satz zu, den Horkheimer auf die Kritische Theorie insgesamt gemünzt hat: »Sie weiß, daß es keinen Gott gibt, und doch glaubt sie an ihn.«[14] Unter anderen Prämissen bezieht heute Jacques Derrida eine ähnliche Stellung – auch in dieser Hinsicht ein würdiger Adorno-Preisträger. Zurückbehalten will er vom

12 T. W. Adorno, »Vernunft und Offenbarung«, in: ders., *Stichworte*, Frankfurt/M. 1969, S. 20.

13 T. W. Adorno, *Minima Moralia*, Frankfurt/M. 2001 (Nachdruck der Ausgabe von 1951), S. 480.

14 M. Horkheimer, *Gesammelte Schriften*, Bd. 14, S. 508.

Messianismus nur noch »das kärgliche Messianistische, das von allem entkleidet sein muß«.[15]
Der Grenzbereich zwischen Philosophie und Religion ist freilich vermintes Gelände. Eine *sich selbst dementierende Vernunft* gerät leicht in Versuchung, sich die Autorität und den Gestus eines entkernten, anonym gewordenen Sakralen bloß auszuleihen. Bei Heidegger mutiert die Andacht zum Andenken. Aber dadurch, dass sich der Jüngste Tag der Heilsgeschichte zum unbestimmten Ereignis der Seinsgeschichte verflüchtigt, gewinnen wir keine neue Einsicht. Wenn sich der Posthumanismus in der Rückkehr zu den archaischen Anfängen *vor* Christus und *vor* Sokrates erfüllen soll, schlägt die Stunde des religiösen Kitsches. Dann öffnen die Warenhäuser der Kunst ihre Pforten für die Altäre aus aller Welt, für die aus allen Himmelsrichtungen zur Vernissage eingeflogenen Priester und Schamanen. Demgegenüber hat die *profane*, aber *nichtdefaitistische Vernunft* zu viel Respekt vor dem Glutkern, der sich an der Frage der Theodizee immer wieder entzündet, als dass sie der Religion zu nahe treten würde. Sie weiß, dass die Entweihung des Sakralen mit jenen Weltreligionen beginnt, die die Magie entzaubert, den Mythos überwunden, das Opfer sublimiert und das Geheimnis gelüftet haben. So kann sie

15 J. Derrida, »Glaube und Wissen«, in: J. Derrida, G. Vattimo (Hg.), *Die Religion*, Frankfurt/M. 2001, S. 33; vgl. auch J. Derrida, »Den Tod geben«, in: A. Haverkamp (Hg.), *Gewalt und Gerechtigkeit*, Frankfurt/M. 1994, S. 331-445.

von der Religion Abstand halten, ohne sich deren Perspektive zu verschließen.

Beispiel Gentechnik

Diese ambivalente Einstellung kann auch die Selbstaufklärung einer vom Kulturkampf zerrissenen Bürgergesellschaft in die richtige Richtung lenken. Die postsäkulare Gesellschaft setzt die Arbeit, die die Religion am Mythos vollbracht hat, an der Religion selbst fort. Nun freilich nicht mehr in der hybriden Absicht einer feindlichen Übernahme, sondern aus dem Interesse, im eigenen Haus der schleichenden Entropie der knappen Ressource Sinn entgegenzuwirken. Der demokratisch aufgeklärte Commonsense muss auch die mediale Vergleichgültigung und die plappernde Trivialisierung aller Gewichtsunterschiede fürchten. Moralische Empfindungen, die bisher nur in religiöser Sprache einen hinreichend differenzierten Ausdruck besitzen, können allgemeine Resonanz finden, sobald sich für ein fast schon Vergessenes, aber implizit Vermisstes eine rettende Formulierung einstellt. Eine Säkularisierung, die nicht vernichtet, vollzieht sich im Modus der Übersetzung.

Beispielsweise berufen sich in der Kontroverse über den Umgang mit menschlichen Embryonen manche Stimmen auf Moses 1,27: »Gott schuf den Menschen ihm zum Bilde, zum Bilde Gottes schuf er ihn.« Dass der Gott, der die Liebe ist, in Adam und Eva freie Wesen schafft, die ihm gleichen, muss man nicht glauben, um zu verstehen, was mit Ebenbildlichkeit gemeint ist. Liebe kann es ohne Erkenntnis in einem anderen, Freiheit ohne gegenseitige Anerkennung nicht geben. Dieses Gegenüber in Menschgestalt muss seinerseits frei sein, um die Zuwendung Gottes erwidern zu können. Trotz seiner Ebenbildlichkeit wird freilich auch dieser Andere als Geschöpf Gottes vorgestellt. Hinsichtlich seiner Herkunft kann er Gott nicht ebenbürtig sein. Diese *Geschöpflichkeit* des Ebenbildes drückt eine Intuition aus, die in unserem Zusammenhang auch dem religiös Unmusikalischen etwas sagen kann. Hegel hatte ein Gespür für den Unterschied zwischen göttlicher »Schöpfung« und dem bloßen »Hervorgehen« aus Gott.[16] Gott bleibt nur so lange ein »Gott freier Menschen«, wie wir die absolute Differenz zwischen Schöpfer und Geschöpf nicht einebnen. Nur so lange bedeutet nämlich die göttliche Formgebung keine Determinierung, die der Selbstbestimmung des Menschen in den Arm fällt.

Dieser Schöpfer braucht, weil er Schöpfer- und Erlösergott in einem ist, nicht wie ein Techniker nach Naturgesetzen zu operieren oder wie ein Informatiker nach Regeln eines Codes. Die ins Leben

16 Obgleich die Vorstellung der »Emergenz« seinem eigenen Begriff der absoluten Idee, die die Natur »aus sich entläßt«, entgegenkommt. Vgl. Hegel, *Vorlesungen über die Philosophie der Religion* II, S. 55 ff. und 92 ff. (Frankfurt/M. 1969, *Werke*, Bd. 17).

rufende Stimme Gottes kommuniziert von vornherein innerhalb eines moralisch empfindlichen Universums. Deshalb kann Gott den Menschen in dem Sinne »bestimmen«, dass er ihn zur Freiheit gleichzeitig befähigt und verpflichtet. Nun – man muss nicht an die theologischen Prämissen glauben, um die Konsequenz zu verstehen, dass eine ganz andere als kausal vorgestellte Abhängigkeit ins Spiel käme, wenn die im Schöpfungsbegriff angenommene Differenz verschwände und ein Peer an die Stelle Gottes träte – wenn also ein Mensch nach eigenen Präferenzen in die Zufallskombination von elterlichen Chromosomensätzen eingreifen würde, ohne dafür einen Konsens mit dem betroffenen Anderen wenigstens kontrafaktisch unterstellen zu dürfen. Diese Lesart legt die Frage nahe, die mich an anderer Stelle beschäftigt hat. Müsste nicht der erste Mensch, der einen anderen Menschen *nach eigenem Belieben* in seinem natürlichen Sosein festlegt, auch jene gleichen Freiheiten zerstören, die unter Ebenbürtigen bestehen, um deren Verschiedenheit zu sichern?

Jan Philipp Reemtsma
Laudatio

Es hat in letzter Zeit Versuche gegeben, die Bedeutung des Werks von Jürgen Habermas durch Historisierung zu dementieren. Habermas sei der Philosoph der alten Bundesrepublik Deutschland – nun, in der neuen, der Berliner oder wie man sie nennen möchte, möge man ihn ehren, man brauche ihn aber nicht mehr zu hören. So könnte es also der Friedenspreis des Deutschen Buchhandels allen recht machen: den Verehrern sowieso, den Verächtern als Besiegelung der Historisierung als Erledigungsform. Über bloße Meinungen zu streiten ist nicht interessant. Interessanter ist die Feststellung, dass das Argument nicht stimmt. Die historische Verortung des philosophisch-gesellschaftstheoretischen Entwurfs von Jürgen Habermas macht diesen nicht zu einem Archivstück. Dass etwas, dessen Genesis analysierbar ist, darum nur auf deren Umstände begrenzte Geltungsdauer habe, wäre denn doch ein dummer Gedanke.

Aber man kann es ja nicht von der Hand weisen: Wer sich die kürzliche Einladung in die Volksrepublik China vergegenwärtigt, wer sich die Philosophieregale englischer oder amerikanischer Buchläden ansieht, der kommt um die Feststellung nicht herum, dass Jürgen Habermas *der* Philosoph *der* Bundesrepublik Deutschland ist. Daß dieser Genitivus subjectivus gültig ist, wird niemand bestreiten, mancher ihn aber auch als objectivus verstehen und an den politischen Publizisten denken. Ich möchte aber einen Schritt weiter gehen und das Geschäft der Historisierung über solche selbstverständlichen Zuschreibungen hinaus betreiben, denn nur so kommt man über die Gleichung Historischwerden = Veralten hinaus. Um eines der Lieblingszitate des Preisträgers zu verwenden: Contra Deum nisi Deus ipse.

Ich widerstehe der Versuchung, das Gesamtwerk auf einen thematischen Nenner zu bringen, der angesichts von dessen Komplexität bestenfalls zu einem wohlwollenden »Ja ... aber ...« veranlassen könnte, und greife lieber nach einem nicht einmal theorietechnischen Begriff, sondern einer Art Leitidee, die mir bei aller scheinbaren Unscheinbarkeit doch sowohl ins Zentrum von Habermas' Theoretisieren zu führen als auch die Spur des historischen Umfelds, der Bundesrepublik Deutschland in ihrer sonderbar prekären – zuweilen fragilen, zuweilen wie selbstverständlich gelingenden – Existenzweise zu zeigen scheint. Es ist die Leitidee der Anschließbarkeit. Die ausdauernde Prüfung der Anschlussfähigkeit von Theorien erfährt der Leser, sagen wir: der *Theorie des kommunikativen Handelns* zunächst formal, zuweilen im Medium der eigenen Ungeduld, wenn er wissen möchte, »wie es weitergeht«, aber erst einmal noch durch die Prüfung einer konkurrierenden Weber-Interpretation (1, 2, 3 und a, b und c) hindurch muss, und dem ein Blick aufs Inhaltsverzeichnis den nötigen Hinweis darauf gibt, dass hier kein Vollständigkeitswahn obwaltet, sondern ein Prinzip: »Die Fähigkeit, die besten Traditionen anzueignen und zu verarbeiten, ist [...] ein Zeichen für die Anschlußfähigkeit und die Fassungskraft von Gesellschaftstheorien, die immer auch auf die Durchsetzung eines bestimmten, im kollektiven Selbstverständnis verwurzelten Paradigmas von Gesellschaft abzielen.«[1] Das Geschäft der Anschließbarkeitsprüfung ist eben nicht nur eines der Bemühung um Integration, sondern auch der kritischen Prüfung: ein Sozialwissenschaftler, der sich mit der Frage auseinandersetze, aus was für Gründen bestimmte Theorien ganz allgemein gesprochen »Bedeutung gewonnen« haben, müsse sich, so Habermas, die Gründe vergegenwärtigen, »mit denen sich neue Ideen durchgesetzt haben. Von diesen Gründen muß sich der Sozialwissenschaftler nicht selbst überzeugen lassen, um sie zu verstehen; aber er versteht sie nicht, wenn er nicht mindestens implizit *zu ihnen Stellung nimmt.*«[2] Das Prinzip der Anschließbarkeitsprüfung konstituiert den Rhythmus von Habermas' Theoriesprache. Sie entfaltet ein Stück vorgefundener Theorie bis zu einem dilemmatischen, aporetischen oder bloß unbefriedigenden Ende, und dieses Ende wird die Stelle, an die eine weitere Theorie angeschlossen werden kann, um so den Theorieprozess insgesamt

1 *Theorie des kommunikativen Handelns*, Frankfurt/M. 1987, Bd. 2, S. 298.
2 Ebd., Bd. 1, S. 269.

voranzutreiben. Als »konstruierende Puzzlearbeit«[3] hat er selbst das einmal – ironisch unter Wert – ausgezeichnet. Die teleologische Ausrichtung auf die eigene Theorie des kommunikativen Handelns, die mehr ist als »argumentative Synthesis«[4] des Vorgefundenen, kommt aber in diesem Ziel nicht zur Ruhe – in ihr ist die Dynamik des Anschlussbegehrens selber verkörpert. Die Erfüllbarkeit, aber nicht *Ab*schließbarkeit ihres eigenen Anschließungsbegehrens weist die *Theorie des kommunikativen Handelns* als proof of the pudding aus: Er möchte, so Habermas kurz vor Ende des zweiten Bandes, »den völlig offenen Charakter und die Anschlußfähigkeit eines gesellschaftstheoretischen Ansatzes betonen [...], dessen Fruchtbarkeit sich allein in verzweigten sozialwissenschaftlichen und philosophischen Forschungen bewähren kann.«[5]

Die Frage nach der Anschließbarkeit prägt bereits und entscheidend die frühen, 1971 erstmalig publizierten *Philosophisch-politischen Profile* mit den Aufsätzen aus den 50er Jahren über Gehlen, Plessner und je zweimal über Heidegger und Jaspers, und denen aus den 60ern über Bloch, Löwith, Mitscherlich, Wittgenstein, (erneut) Jaspers, über Arendt, Abendroth, Marcuse und den beiden über Adorno, der eine ein Nachruf. In diesen frühen Ar-

3 »Dialektik der Rationalisierung«, in: *Die Neue Unübersichtlichkeit*, Frankfurt/M. 1985, S. 207.

4 Ebd.

5 *Theorie des kommunikativen Handelns*, Bd. 2, S. 562.

beiten finden sich Markierungen einer intellektuellen Landkarte, die erstaunlich deutlich zeigen, wo der Weg hingehen, wenn auch noch offen bleibt, wie er gebahnt werden soll. Die dem Leser im Vorwort zur ersten Auflage der *Theorie des kommunikativen Handelns* gegebene Auskunft, während der Vorarbeiten sei ihrem Verfasser zeitweilig über den Details der Anschließbarkeitsprüfungen »das Ziel der ganzen Untersuchung aus dem Blick« geraten, mag als biographische Reminiszenz ihre eigene Wahrhaftigkeit haben; der Leser hat ein Ergebnis vor Augen, in dem in den Details, den Wegbiegungen, die manchmal an die Benjamin'sche Übersetzung des Wortes »Methode« als »Umweg« erinnern, die früh markierten Ziele sicher (das ist ja die eigentliche Bedeutung von ›methodos‹: step by step) erreicht werden.

Aber darum geht es mir weniger als darum, dass der von mir gewählte Begriff der Anschließbarkeit, der ja zugegebenermaßen ein wenig blass wirkt und dem es auch gar nicht um Originalität zu tun ist (muss nicht eine Theorie, in der es um kommunikatives Handeln geht, die Frage nach der Bedingung kommunikativer Anschlüsse variantenreich behandeln und in sich selbst darstellen?), dass diese Idee, oder besser die sie begleitende oder vielleicht fundierende Emotion, historische Prägung aufweist – auf sie hinzuweisen ist in *dieser* Hinsicht alles andere als trivial. 1958 schreibt Habermas über Karl Jaspers' Philosophie der Kommunikation: »So unterstehen alle philosophischen Gedanken als ihrem obersten Richtmaß der Frage, ob sie Kommunikation hemmen oder fördern. Die unfreiwillige Isolierung unterm Terror des Naziregimes verschärfte Erfahrungen schon aus früher Lebensgeschichte, denen zufolge Jaspers der Abbruch der Kommunikation als das Böse schlechthin erscheint.«[6] Nach 1945 stellt sich das Problem dann anders als unter Bedingungen intellektueller Isolation – die Frage der Anschließbarkeit stellt sich als Auswahlproblem. Darum ist der zeitlich erste der Aufsätze in den *Philosophisch-politischen Profilen* so bedeutsam als Signalsetzung für den politischen Publizisten ebenso wie – trotz der einleitenden Bemerkungen – für den Theoretiker des philosophischen Diskurses der Moderne: »Der Philosoph Martin Heidegger beschäftigt uns hier nicht als Philosoph, sondern in seiner politischen Ausstrahlung.« In der Auseinandersetzung mit ihr trete die »Wächterschaft der öffentlichen Kritik in ihre Rechte«; sie habe »die Bedingungen zu klären, unter denen öffentliche Störungen zustande kamen, Bedingungen also, die zu verändern sind, um dergleichen Störungen in Zukunft zu vermeiden.«[7] Videant philosophi ne quid res publica detrimenti capiat – es geht um die Publikation von Heideggers *Einführung in die Metaphysik*. Es handelte sich um die unveränderte

6 »Die Gestalten der Wahrheit«, in: *Philosophisch-politische Profile*, Frankfurt/M. 1981, S. 87.
7 »Martin Heidegger«, in: ebd., S. 65.

Veröffentlichung[8] von Vorlesungen aus dem Jahr 1935, enthaltend die Formulierung von der »inneren Wahrheit und Größe« der nationalsozialistischen Bewegung.

Habermas stellte anlässlich dieses philosophisch-politischen Skandals die Frage nach der »faschistischen Intelligenz«, und er stellte sie doppelt: als die nach der Vorgeschichte des Nationalsozialismus wie nach der gerade mal achtjährigen Nachgeschichte, die »durch das konstante Ausweichen vor diesem Problem gekennzeichnet« sei[9], und er klagt die vergeudeten acht Jahre ein, in denen es an Mut gefehlt habe, »das Risiko der Auseinandersetzung mit dem, was war, was wir waren, einzugehen.«[10] Hier ist ein Lebensthema angeschlagen, das aufzugeben die Bundesrepublik Deutschland ihrem Philosophen nicht gestattete. Es waren Interventionen

8 Sie waren nicht *ganz* unverändert, und in diesem Umstand liegt eine kuriose versetzte Pointe. Habermas zitierte Heidegger so: »›mit der inneren Wahrheit und Größe dieser Bewegung (nämlich mit der Begegnung der planetarisch bestimmten Technik und des neuzeitlichen Menschen)‹« (ebd., S. 66). Christian Lewalter hielt Habermas in einem Beitrag in der »Zeit« daraufhin vor, er habe den in Klammern gesetzten Satz Heideggers nicht als deutliche Distanzierung von der nationalsozialistischen Bewegung verstanden. Heidegger selbst sekundierte in einem Leserbrief in derselben Zeitung und fügte hinzu, es wäre ein Leichtes gewesen, »den herausgegriffenen Satz samt den übrigen, die Sie herausgegriffen haben, für das Druckmanuskript zu streichen« – er habe das nicht getan und werde das auch zukünftig nicht tun. Tatsächlich aber hatte Heidegger, wie sich später herausstellte, den in Klammern gesetzten Satz für die 53er Publikation in das Druckmanuskript *eingefügt*.

9 Ebd., S. 66.

10 Ebd., S. 72.

unterschiedlicher Art gegen die »Entsorgung der Vergangenheit« bzw. die Reduktion der Aufarbeitung der Vergangenheit als eine »Art Schadensabwicklung«, bis hin zu dem Leserbrief an den Frankfurter Oberbürgermeister Wallmann 1987 zur Frage der historischen Besonderheit des deutschen Antisemitismus. Alle diese Interventionen sind getragen von der Überzeugung, daß in der Bundesrepublik Deutschland »nur die Vermeidung eines falschen Normalitätsbewusstseins halbwegs normale Verhältnisse hat entstehen lassen«.[11] Denn: »Je weniger Gleichberechtigung und menschenwürdige Gemeinsamkeit ein repressiver Lebenszusammenhang im Inneren einmal gewährt, je mehr er sich zuvor nach außen durch Usurpation und Zerstörung fremden Lebens erhalten hatte, um so fragwürdiger ist die Kontinuität jener Überlieferungen geworden, welche die Identität des Gemeinwesens bestimmen, um so größer die ererbte Bürde einer gewissenhaft sondierenden Aneignung dieser Traditionen. Nun stehen Überlieferungen keinem einzelnen zur Disposition, sondern sind gemeinsamer Besitz. Deshalb lassen sie sich in bewußter Weise auch nur im Medium des öffentlichen Streits um die jeweils richtige Interpretation verändern«[12], heißt es in dem Aufsatz »Was bedeutet ›Aufarbeitung der

11 »Richard Rorty: ›Achieving our Country‹« (Rezension), in: *Zeit der Übergänge*, Frankfurt/M. 2001, S. 164.

12 »Was bedeutet ›Aufarbeitung der Vergangenheit‹ heute«, in: *Die Normalität einer Berliner Republik*, Frankfurt/M. 1995, S. 23.

Vergangenheit heute‹?« – der Titel unterscheidet sich nur durch die Hinzufügung des Wortes »heute« von dem des in den 60er Jahren gehaltenen Vortrags von Theodor W. Adorno, bezieht sich aber auf zwei deutsche Vergangenheiten, deren Aufarbeitung je spezifischer Anstrengungen bedarf, die unter anderem dann nur gelingen können, wenn man sie nicht miteinander verwechselt.

Habermas hat die frühe Bundesrepublik als einen Ort der prolongierten Abschließung beschrieben, in dem »die kulturelle und geistige Provinzialisierung, in die uns die Nazis gestürzt hatten, keineswegs mit einem Ruck, sondern relativ langsam überwunden worden ist. Die Traditionen der Aufklärung und der radikalen Moderne sind in ganzer Breite doch erst bis zum Ende der 50er Jahre rezipiert worden, dann allerdings« – und dieser Nachsatz bedarf ebenso großer Beachtung – »vorbehaltloser als je in der deutschen Geschichte.«[13] – »Schließlich lernten wir auch über Carnaps, Wittgensteins und Poppers Schriften die in der angelsächsischen Welt herrschende Philosophie kennen; wir sahen, daß mit Wissenschaftstheorie und Sprachanalyse Maßstäbe für methodische Disziplin gesetzt worden waren, denen die kontinentale Philosophie nicht mehr genügte.«[14] Habermas ist sowohl Nutznießer als auch ent-

13 »Interview mit Gad Freudenthal«, in: *Kleine politische Schriften I-IV*, Frankfurt/M. 1981, S. 470.

14 S. 769 f.

scheidender Beförderer ihrer Rezeption gewesen. Dieser Schritt zu einer intellektuellen Westbindung ist ein wichtiger Teil der Mentalitätsgeschichte der Bundesrepublik, ein großer Schritt aus dem Pfad des Sonderwegs.

Diese Sequenz von prolongierter Abschließung und forcierter Anschließung – »vorbehaltloser als je in der deutschen Geschichte« – ist der Erfahrungshintergrund für die Überzeugung von Habermas, dass Kulturen nur unter Bedingungen der Gewalt fensterlose Monaden sind oder bleiben können. Diese erfahrungsgegründete Überzeugung findet dann ihren theoretischen Ausdruck in dem gegen den *Philosophen* Heidegger gerichteten Bestehen darauf, dass das »hermeneutische« keinen Vorrang vor dem »prädikativen Als«[15] habe: Heidegger habe »mit der Historisierung des Seins [...] eine Entwurzelung der propositionalen Wahrheit und die Entwertung des diskursiven Denkens«[16] vollzogen, und diese Denkfigur habe ihm zumindest erleichtert, sich temporär, aber wiederum folgenreich für seine eigene Philosophie, mit der Bewegung des Nationalsozialismus zu identifizieren. Oder, gegen Wittgenstein, dass auch angesichts der »Mannigfaltigkeit der historischen Sprachspiele und Lebensformen« man dem Sinnapriori keinen Primat vor der

15 Vgl. »Hermeneutik und analytische Philosophie. Zwei komplementäre Spielarten der linguistischen Wende?«, in: *Karl-Jaspers-Vorlesungen zu Fragen der Zeit* II, Oldenburg 1998, S. 28 ff.

16 *Der philosophische Diskurs der Moderne*, Frankfurt/M. 1985, S. 182.

Tatsachenfeststellung einräumen müsse[17] – und generell in der Überzeugung, dass sich »die Spuren einer transzendierenden Vernunft« nicht »im Sand der Historisierung und Kontextualisierung« verlaufen, sondern dass »eine in historischen Kontexten verkörperte Vernunft die Kraft zu einer Transzendenz von innen« sich bewahre.[18]

Ich reduziere einen Denkweg nicht auf das Moment seiner impliziten Zeitzeugenschaft, wenn ich die Zeit berücksichtige, in der er eingeschlagen wurde – dass »in den internen Beziehungen zwischen Genesis und Geltung« nicht »der Teufel« stecke, »der auszutreiben sei«, hat Habermas gegen Horkheimer und Adorno betont.[19] Darum ist ja die *Theorie des kommunikativen Handelns* kein philosophischer Entwurf, sondern die Grundlegung einer Gesellschaftstheorie. Das mag auf den ersten Blick so aussehen, als seien hier die Ansprüche niedriger gehängt worden. Das Gegenteil ist der Fall. Stolz sein, worauf auch immer, kann ja jeder. Das Recht zur Bescheidenheit, die nicht nur koketter Quatsch wäre, ergibt sich nur aus tatsächlichen Verdiensten. Die *Theorie des kommunikativen Handelns* könnte *Kritik der ontologischen* (oder besser: *ontologisierenden*) *Vernunft* heißen, heißt aber nicht nur darum nicht so, weil heutzutage jedes

17 Wie Anm. 15.
18 *Kommunikatives Handeln und detranszendentalisierte Vernunft*, Stuttgart 2001, S. 9.
19 *Der philosophische Diskurs der Moderne*, S. 156; Herv. J. P. R.

buchartig aufgetriebene Feuilleton so heißen könnte, sondern vor allem, weil »dieser Begriff, der ja aus der Tradition der griechischen Metaphysik stammt […], auf einen speziellen Weltbezug, auf den kognitiven Bezug zur Welt des Seienden eingeengt« ist. »Ein entsprechender Begriff, der den Bezug zur sozialen und zur subjektiven Welt ebenso einschließt wie den zur objektiven Welt, ist in der Philosophie nicht ausgebildet worden. Diesen Mangel soll die Theorie des kommunikativen Handelns wettmachen.«[20] Es geht hier nicht um Erkenntnistheorie oder irgendeine diesbezügliche Nachfolgedisziplin, sondern um die Theorie der kommunikativen Grundlagen sozialer Integration.

Andererseits haben gerade Horkheimer und Adorno in der *Dialektik der Aufklärung*, Adorno dann besonders im letzten Teil der *Negativen Dialektik* – bis hin zur Mitteilung eines eigenen Traums[21] – den Zeitkern ihres Philosophierens betont. Der Gefahr der Adhäsion an das Unwahre wollten sie durch den radikalen Gestus des Nicht-Anschlusses entgehen – bei Adorno in der *Negativen Dialektik* bis in die Konsequenz des Stils: beinahe jeder Satz streicht den voraufgegangen durch. Das Unternehmen des Buches *Dialektik der Aufklärung*, das ursprünglich *Philosophische Fragmente* hieß, hat sich für Habermas als die größte in-

20 *Theorie des kommunikativen Handelns*, Bd. 1, S. 75.

21 Vgl. Theodor W. Adorno, *Negative Dialektik*, in: ders., Gesammelte Schriften, herausgegeben von Rolf Tiedemann, Bd. 6, Frankfurt/M. 1984, S. 356.

tellektuelle wie wohl auch emotionelle Herausforderung erwiesen – so sehr, dass Axel Honneth mit einem gewissen Recht die Rekonstruktion der Gedanken der *Dialektik der Aufklärung* auf »theoretisch fortgeschrittenem Niveau« ins Zentrum der *Theorie des kommunikativen Handelns* stellt.[22] Obwohl Denken dem Zivilisationsbruch ernstlich nur begegnen kann, wenn es, des Schreckens innewerdend, sich der Illusion entschlägt, ihn irgendwie denkerisch »bewältigen« zu können, muss es doch auch, will es nicht selber zum Ritual regredieren, dem Umstand intellektuell wie emotionell Rechnung tragen, dass »es weitergeht« und dass dies zwar die Katastrophe fortleben lässt, aber, trotz Benjamin, nicht nur *als* Katastrophe.

Den Versuch der *Dialektik der Aufklärung*, die Selbstkritik der Vernunft so in die letzte Konsequenz zu treiben, dass auch diese Form der Selbstbezüglichkeit der Kritik verfällt, hat Habermas mit guten Gründen kritisiert. Wenn das selbstkritische Potential der skeptischen Vernunft ebenso ideologischer Schein ist wie die von ihm kritisierte ideologisch-selbstgewisse Vernunft, entfalle der kritische Maßstab der Selbstkritik, und das Unternehmen der Vernunftkritik lande im performativen Selbstwiderspruch. Dies habe Adorno erkannt, und die letzte Konsequenz, ihn stilistisch zu demonstrieren,

22 Axel Honneth, »Jürgen Habermas«, in: Dirk Kaesler/Ludgera Vogt (Hg.), *Hauptwerke der Soziologie*, Stuttgart 2000, S. 187.

gezogen.[23] Damit tendiert Adornos Philosophie zur Geste, zum Verstummen. Darum steht er in der *Iphigenie*-Interpretation, die ernst macht mit der Ambivalenz der Goethe'schen Charakterisierung, sie sei »verteufelt human«, an der Seite des Thoas, solidarisch mit seinem »Lebt wohl!« im Augenblick seiner Resignation.[24] Darum auch Adornos späte Nähe zu existentialistischen Motiven und die Wiederaufnahme der Beschäftigung mit Kierkegaard, einsetzend mit der Reminiszenz an das Todeswort des Apostaten.

Habermas verweigert den Anschluss an die Philosophie der Unmöglichkeit des Anschlusses. »Wer an einem Ort, den die Philosophie einst mit ihren Letztbegründungen besetzt hielt, in einer Paradoxie verharrt, [...] kann die Stellung nur halten, wenn mindestens plausibel zu machen ist, daß es keinen Ausweg gibt. Auch der Rückzug aus einer aporetischen Situation muß verlegt sein, sonst gibt es einen Weg, eben den zurück. Dies, meine ich, ist aber der Fall.«[25] Dass in einer Sackgasse etwas zurückbleibt, wenn man sie verlässt, muss der nicht leugnen, der akzeptiert, dass man sie verlassen muss, wenn man weitergehen will. Weder die kommunikative Vernunft noch ihre Theorie kann alles eingemeinden; sie sollte es darum nicht versuchen und kann dann

23 Vgl. *Theorie des kommunikativen Handelns*, Bd.1, S. 489 ff.; *Der philosophische Diskurs der Moderne*, S. 130 ff. – u. a. m.

24 Vgl. Theodor W. Adorno, »Zum Klassizismus von Goethes Iphigenie«, in: ders., *Gesammelte Schriften*, Bd. 11, S. 495 ff.

25 *Der philosophische Diskurs der Moderne*, S. 155.

aus solchen Gesten des Verzichts einen Sinn dafür entwickeln, was auch ihr fehlen muss. Umgekehrt aber bedarf das Nicht-Identische (um diesen Begriff denn doch noch einmal zu verwenden) gerade des Raums der kommunikativen Rationalität, um als Stummes anwesend zu sein und nicht als bloß Deviantes abgeschafft zu werden. »Die Wunden, die die Vernunft schlägt, können, wenn überhaupt, nur durch die Vernunft überwunden werden.«[26] Nota bene: »wenn überhaupt« und »überwunden«, nicht: »geheilt«. Gerade darum aber reagiert der Theoretiker der kommunikativen Vernunft, zu deren Tugenden eben auch das Verschonen gehören muss, zu Recht empfindlich, wenn der Gestus des Kommunikationsabbruchs und der Anschließungsverweigerung als Lehrstoff auftritt: »Es besteht eine Asymmetrie zwischen dem rhetorischen Gestus, mit dem diese Diskurse Verständnis heischen, und der kritischen Behandlung, der sie institutionell, z. B. im Rahmen einer akademischen Vorlesung unterzogen werden«[27] müssen.

Diese Anschlussverweigerung widerspricht nach Habermas nicht nur den Maßstäben akademischer Sittlichkeit, sondern geht contre cœur, gegen jene »zentrale Intuition, die ich in meiner *Theorie des kommunikativen Handelns* expliziert habe. Das ist die Intuition, daß in sprachliche Kommunikation

26 »Schmerzen der Gesellschaft. Jürgen Habermas im Gespräch mit Pekinger Künstlern und Intellektuellen«, in: *Die Zeit*, 10. 5. 2001.
27 *Der philosophische Diskurs der Moderne*, S. 390.

ein Telos von gegenseitiger Verständigung« – nicht nur von Verstehen – »eingebaut ist.«[28] Diese Intuition sowohl systematisch als auch historisch als Entfaltung einer ebenso intellektuellen wie politischen Chance darzustellen, dient das Werk von Jürgen Habermas spätestens seit der Habilitationsschrift vom *Strukturwandel der Öffentlichkeit*. Mit systematischen, historischen, soziologischen wie anthropologischen Argumenten begründet Habermas diese Chance nicht zuletzt damit, dass sie die einzige ist und als Option unvermeidlich auch dann, wenn wir meinen, es ginge uns eigentlich um etwas anderes. Wir können aus dem Prozess der Modernisierung und Rationalisierung nicht einfach aussteigen. Auch intellektuell nicht, weil wir die Argumente zur Kritik der Moderne aus den ihr eigenen Rationalitätsstandards gewinnen, denn anders als andere historische Formationen, die sich vollständig über Konventionen und Glaubensakte erhalten können, gehört es unabdingbar zu ihr, sich selbst nie selbstverständlich geworden zu sein und sein zu können. Der Modus der kritischen Distanz zu sich selbst – als permanente Problembewältigung und -generierung – ist ihre historische Signatur, und insofern kann sie sich selbst nicht kritisch überwinden.[29]

Allerdings kann sie, und damit die Chancen einer

28 *Die Neue Unübersichtlichkeit*, S. 173; vgl auch *Philosophisch-politische Profile*, S. 175 f.

29 Vgl. u. a. *Der philosophische Diskurs der Moderne*, S. 74.

Kultur der selbstkritischen Reflexion, *zerstört* werden. Es sind nach Habermas im Wesentlichen drei Wege der Destruktion denkbar. Denkbar ist eine Zerstörung moderner Rationalität, die den Preis gesellschaftlicher *Entdifferenzierung* zu zahlen bereit ist. Träger solcher Zerstörung könnte das Militant- und Mörderischwerden der Globalisierungskritik sein (ich brauche die Stichworte nicht zu nennen) – oder eine Reaktion darauf, die sich emotionell wie machtpragmatisch in diesen Strudel der Entdifferenzierung ziehen lässt. Denkbar ist zweitens eine Selbstdestruktion durch *beschleunigt fortschreitende Differenzierung*: die Aufzehrung lebensweltlicher kommunikativer Rationalität durch die Imperative formal organisierter Handlungssysteme. Dieser Prozess ist, nach Luhmann, bereits weitgehend abgeschlossen. Allerdings ist das, wenn ich richtig sehe, für Luhmann eine Frage der Theorie, für Habermas eine der Empirie. Schließlich – und dieser Möglichkeit galten Habermas' jüngste Beiträge zur Diskussion um die Chancen und Risiken der Gentechnologie – wäre denkbar, dass es dem Menschen so an die anthropologische Substanz geht, und zwar durch die Auswirkungen seiner Fähigkeiten zur Selbstmanipulation auf Selbstbild und -bewusstsein, dass ihm sowohl das Gefühl für die Kontingenz der eigenen Existenz als Voraussetzung der Fähigkeit zur kritischen Aneignung seines eigenen Lebens als auch sein Potential der Lebensführung in Eigenregie abhanden kommt. Ob sich hier tatsächlich eine neue Gefahr der Destruktion moderner Rationalität auftut, ob dem post-post-modernen Menschen vielleicht wirklich die Existentiale abhanden kommen, ist zwar auch eine empirische Frage, und Habermas formuliert hier eine Hypothese mit Fragezeichen – aber die ist natürlich normativ aufgeladen: auf die ungewisse Möglichkeit ihrer Falsifikation dürfe man es nicht ankommen lassen.

Zwar betont Habermas, dass es ihm nicht um das gehe, was traditionellerweise »Kulturkritik« heiße[30], vielleicht aus Sorge, etwa mit jenen Passagen der *Dialektik der Aufklärung* in Zusammenhang gebracht zu werden, die bei der Re-Lektüre etwas altbacken wirken, aber in *einem* natürlich relevant bleiben: dass die lebensweltliche Rationalität natürlich auch durch schlichte Verblödung vor die Hunde gehen kann – und was heißt da schon »nur«. Dass eine Bedrohung unserer Freiheit nicht als Zerstörung des Rechts, nach eigener Façon selig zu werden, auftritt, sondern als Demontage der Fähigkeit, sich eine eigene Façon zu geben, ist die nicht aus der Luft gegriffene Besorgnis, in der sich traditionelle Kulturkritik und Habermas' Warnung vor den Möglichkeiten der Selbstmanipulation der Gattung treffen. Auf der anderen Seite könnte man fra-

30 Vgl. »Begründete Einsamkeit. Gibt es postmetaphysische Antworten auf die Frage nach dem ›richtigen Leben‹«?, in: *Die Zukunft der menschlichen Natur. Auf dem Weg zu einer liberalen Eugenik?*, Frankfurt/M. 2001, S. 28.

gen, ob nicht auch ein Gattungsselbstverständnis zu gewinnen sein könnte, das der Abwehr der Zumutungen des Möglichen durch die beiden von Habermas kritisierten Haltungen der Selbstsakralisierung und der ebenso narzisstischen Grandiositätsoption à la »What a piece of work is man« gleich fern wäre, aber dennoch seine Sorge um den Bestand der anthropologischen Substanz des modernen Menschen zwar ernst nähme, aber (jedenfalls diesbezüglich) nicht umstandslos teilte; ein Selbstverständnis, das vielleicht in der neuesten Selbstkränkung des Menschen, seiner Deklarierung zur Biomasse, eine ethische Chance sehen und ihr vielleicht (etwa mit Schopenhauer nachdenkend) Gestalt geben könnte – nun, wie dem auch sei, Habermas hat angemeldet, welcher Art der Diskussionsbedarf ist, und ein genaueres Fragen nach dem Konnex von rationaler und biologischer Lebensgestaltung (in beiderlei Sinn) könnte die oft doch sehr sterile Aufgeregtheit der blätterübergreifenden Diskussion überstehen, von der sich erst herausstellen wird, ob, um das angemessene Gleichnis aus *Jurassic Park* zu bemühen, die Wellenbewegungen im Wasserglas der sprichwörtliche negligeable Sturm waren oder der Indikator dafür sind, daß draußen tatsächlich ein Monstrum herumtrabt.

Habermas hat auf ein spezielles modernes Krisenbewusstsein hingewiesen, das sich zuerst bei den Junghegelianern herausgebildet habe – und diesbezüglich seien wir »Zeitgenossen der Junghegelianer *geblieben«*[31]: »Weil die Geschichte als Krisenprozeß, die Gegenwart als Aufblitzen kritischer Verzweigungen, die Zukunft als das Andrängen ungelöster Probleme erfahren wird, entsteht ein existentiell geschärftes Bewußtsein für die Gefahr *versäumter* Entscheidungen und *unterlassener* Eingriffe. Es entsteht eine Perspektive, aus der sich die Zeitgenossen für den aktuellen Zustand als die *Vergangenheit* einer zukünftigen Gegenwart zur Rechenschaft gezogen sehen. Es entsteht die Suggestion einer Verantwortlichkeit für den *Anschluß* [Herv. J. P. R.] einer Situation an die nächste, für die Fortsetzung eines Prozesses, der seine Naturwüchsigkeit abgestreift hat und sich weigert, das Versprechen einer selbstverständlichen Kontinuität zu geben.«[32]

In diesem Sinne ist die Sorge um die Zukunft der modernen Rationalität und die der Bundesrepublik Deutschland vom selben Schlage, ohne dass man behaupten müsste, diese verkörpere jene nun in besonders, sagen wir: bestechender Form. In beiden Fällen geht es um *das Problem des Substanzerhalts, das nicht konservativ zu lösen ist*. Es kann nicht anders sein, als dass diese werknotwendige Haltung Habermas den Vorwurf der einen Seite einträgt, er lasse nicht die altmodische Attitüde des Alarmisten, des Mahners und Warners hinter sich, und den der anderen, sein eigentliches Anliegen bestehe seit dem

31 *Der philosophische Diskurs der Moderne*, S. 67.
32 *Der philosophische Diskurs der Moderne*, S. 73.

Linksfaschismusvorwurf an den SDS darin, wirklich radikale Kritik zu delegitimieren. Es kann nicht anders sein. Man könnte dem ironisch mit Mephistopheles begegnen: »Mein guter Herr, Ihr seht die Sachen, wie man die Sachen eben sieht«, und dann darüber hinweggehen, aber ich fürchte, dass auch das den Ärger kaum mindern wird, den der mal so, mal so Etikettierte dabei empfindet. Auch das kann nicht anders sein bei jemandem, den ich mit Worten charakterisieren möchte, die er selbst auf einen ganz anderen, einen Antipoden in der Theorie, Michel Foucault nämlich, angewendet hat und die trotzdem so gut passen, wenn er von der »Spannung zwischen einer beinahe heiter szientifischen Zurückhaltung des ernsten, um Objektivität bemühten Gelehrten einerseits, und der politischen Vitalität des verletzbaren, subjektiv reizbaren, moralisch empfindlichen Intellektuellen andererseits« spricht.[33] Für die Verklammerung dieser beiden Rollen, der des Wissenschaftlers und Gelehrten einer- und des Intellektuellen in der öffentlichen Debatte andererseits, steht die Maxime, dass »Humanität [...] die Kühnheit« ist, »die uns am Ende übrigbleibt, nachdem wir eingesehen haben, daß den Gefährdungen einer universalen Zerbrechlichkeit allein das gefahrvolle Mittel zerbrechlicher Kommunikation selber widerstehen kann. Contra Deum nisi Deus ipse.«[34]

33 »Mit dem Pfeil ins Herz der Gegenwart. Zu Foucaults Vorlesung über Kants ›Was ist Aufklärung‹«, in: *Die Neue Unübersichtlichkeit*, S. 126.

34 *Philosophisch-politische Profile*, S. 119.

Sie haben, verehrter Herr Habermas, einmal gesagt, Sie seien kein Weltanschauungsproduzent. Das ist sicher richtig. Sie haben aber im selben Atemzug gesagt: »Der Denker als Lebensform, als Vision, als expressive Selbstdarstellung, das geht nicht mehr.«[35] Nun, wenn Sie mich den Begriff der »expressiven Selbstdarstellung« durch den des öffentlichen Anspruchs und Auftritts ersetzen lassen, möchte ich es so fassen: das geht wohl *noch*, aber immer seltener *gut*. Aber manchmal eben *doch*. Ich möchte die Zuerkennung des Friedenspreises des Deutschen Buchhandels auch als Dank dafür verstehen.

Doch soll an einem solchen Tag das Understatement nicht der letzte Tonfall sein. Wir ehren in Jürgen Habermas den Verfasser eines Werks, das die Kontingenz seiner Entstehungsbedingungen in eine komplexe Diagnose der Unvermeidlichkeiten, Chancen und Risiken unseres weltgeschichtlichen Ortes verwandelt hat, einen Mann, der darum einer der großen Theoretiker des ausgehenden 20. Jahrhunderts genannt werden muss, weil er einen der bedeutendsten Beiträge zu dessen zentraler intellektueller Aufgabe geleistet hat, metaphysische und geschichtsphilosophische Motive in sozialwissenschaftliche Rekonstruktionen und Hypothesen zu transformieren – und eben gerade darum auch einer des beginnenden 21. Jahrhunderts: wird sich doch

35 »Dialektik der Rationalisierung«, in: *Die Neue Unübersichtlichkeit*, S. 207.

in diesem erweisen, welche theoretischen Anschlüsse sein Werk finden wird und welches Schicksal seine Hypothesen haben werden. Habermas zu historisieren heißt, die von ihm selbst betonte Offenheit seines Werks als Anschlusschance zu nutzen, mit ihm über das 21. Jahrhundert nachzudenken.

NF 119/1/11.01

Die Normalität einer Berliner Republik. Kleine politische Schriften VIII. es 1967. 188 Seiten

Philosophisch-politische Profile.
Leinen und stw 659. 479 Seiten

Der philosophische Diskurs der Moderne. Zwölf Vorlesungen. stw 749. 450 Seiten

Die postnationale Konstellation. es 2095. 256 Seiten

Strukturwandel der Öffentlichkeit. Untersuchungen zu einer Kategorie der bürgerlichen Gesellschaft.
stw 891. 391 Seiten

Technik und Wissenschaft als »Ideologie«. es 287. 169 Seiten

Texte und Kontexte. stw 944. 217 Seiten

Theorie des kommunikativen Handelns.
Bd. 1: Handlungsrationalität und gesellschaftliche Rationalisierung
Bd. 2: Zur Kritik der funktionalistischen Vernunft.
Leinen und stw 1175. 1174 Seiten

Theorie und Praxis. Sozialphilosophische Studien.
stw 243. 473 Seiten

Vom sinnlichen Eindruck zum symbolischen Ausdruck.
Philosophische Essays. BS 1233. 156 Seiten

Vorstudien und Ergänzungen zur Theorie des kommunikativen Handelns. Leinen/Kartoniert/stw 1176. 606 Seiten

NF 119/2/11.01

Wahrheit und Rechtfertigung. Philosophische Aufsätze. 336 Seiten. Leinen/Kartoniert

Zeit der Übergänge. Kleine politische Schriften IX. es 2262. 280 Seiten

Die Zukunft der menschlichen Natur. Auf dem Weg zur liberalen Eugenik? 128 Seiten. Gebunden

Zur Logik der Sozialwissenschaften. Leinen/Kartoniert/stw 517. 607 Seiten

Zur Rekonstruktion des Historischen Materialismus. stw 154. 346 Seiten

Jürgen Habermas als Herausgeber

Stichworte zur geistigen Situation der Zeit. es 1000. 860 Seiten

Zu Jürgen Habermas

Das Interesse der Vernunft. Rückblicke auf das Werk von Jürgen Habermas seit »Erkenntnis und Interesse«. Herausgegeben von Stefan Müller-Doohm. stw 1464. 602 Seiten

Kommunikatives Handeln. Beiträge zu Jürgen Habermas' »Theorie des kommunikativen Handelns«. Herausgegeben von Axel Honneth und Hans Joas. stw 625. 420 Seiten

Die Öffentlichkeit der Vernunft und die Vernunft der Öffentlichkeit. Herausgegeben von Klaus Günther und Lutz Wingert. stw 1533. 720 Seiten

NF 119/3/11.01